RÉGIS BREYSSE

SCULPTEUR ARDÉCHOIS

L'HOMME NE VIT PAS SEVLEMENT DE PAIN.
H.V.

RÉGIS BREYSSE

SCULPTEUR ARDÉCHOIS

PAR

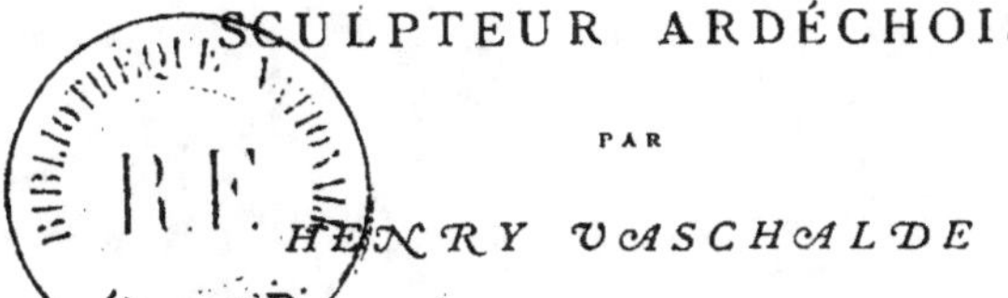

HENRY VASCHALDE

Officier d'Académie

Membre de plusieurs Sociétés Savantes

VIENNE

E.-J. SAVIGNÉ, IMPRIMEUR-ÉDITEUR

1880

Extrait de la *Revue du Dauphiné et du Vivarais*
N° de Novembre-Décembre 1879

Tiré à cent exemplaires

REGIS BREYSSE

SCULPTEUR ARDÉCHOIS

AU milieu d'un triangle formé par le Gerbier de Jonc, la Chartreuse de Bonnefoy et le lac d'Issarlès; en face du Béage, on voit un petit hameau où se trouve la maison, ou plutôt la cabanne de Régis Breysse, le berger du Béage, qui fut plus tard un artiste de talent, mais dont la fin n'a pas répondu aux espérances du début. Régis Breysse est né là, le 19 juillet 1810, d'une famille très-pauvre. Ses premières années furent des plus dures, et il en a retracé le souvenir dans un bas-relief d'un effet curieux et saisissant que nous trouverons plus tard dans l'atelier de l'artiste.

Le plus jeune d'une famille pauvre et nombreuse, Régis Breysse dut, de bonne heure, à l'exemple de ses frères et sœurs, quitter le toit paternel, pour aller demander à un labeur de chaque jour les moyens d'existence, que la misère de ses parents les mettait hors d'état de lui procurer. Il avait alors une douzaine d'années. Jusques-là, son unique occupation s'était bornée à suivre sa mère et ses sœurs à la cueillette des violettes.

La récolte de la violette, dont le Béage et les communes environnantes ont le monopole, toute minime qu'elle paraisse, a néanmoins une grande importance pour la localité; c'est une de ses ressources.

La cueillette se fait en juin et se prolonge jusqu'au 15 juillet. On fait sécher la violette sur des planches, à l'ombre, comme toutes les plantes médicinales, car le soleil enlèverait leur principe actif.

« Autrefois, le commerce (1) des violettes de nos montagnes « aboutissait à la foire de Beaucaire, par le canal de deux ou trois « épiciers-herboristes de Burzet, mais aujourd'hui il se fait di- « rectement entre les petits spéculateurs des Cévennes et les « droguistes des grandes villes du midi. En 1869, un herboriste « de Burzet en expédia, à lui seul, quinze quintaux, à Nîmes.

« Il y a une vingtaine d'années, la violette séchée se vendait « un franc le kilogramme. Aujourd'hui, elle vaut de deux à trois « francs.

« Il y a, toutes les années, à Ste-Eulalie, une foire spéciale « dite *foire des violettes*, où toutes les communes de la mon- « tagne apportent leur récolte et où l'on vient surtout du Puy et « un peu d'Aubenas et de Burzet. Le chiffre de 15,000 francs « donné par M. de Valgorge, comme représentant le bénéfice « total de la récolte des violettes dans nos communes de la mon- « tagne, est évidemment bien au-dessous de la réalité, même en « admettant l'ancien prix de un franc le kilog. »

Depuis quelque temps, le doux instinct du petit Régis lui avait fait deviner la gêne de la maison. Il comprit qu'il fallait chercher un moyen de n'être plus à charge à ses parents. Un matin, le bonhomme se lève, il prend un bâtonnet à la main, son *eustache*, qu'il passe en sautoir à son cou et le voilà parti.

Il va d'un trait jusqu'à l'extrémité du village. Tout-à-coup, il s'arrête devant une grande maison qu'il contemple un instant. Il se décide à frapper à la porte. Valette, le propriétaire paraît sur le seuil.

— Que désires-tu, petit? Comment t'appelles-tu?

— On m'appelle le petit Régis, mon père s'appelle Claude Breysse. Nous sommes du Bas-Béage. C'est bien ici chez M. Valette, un des riches du Haut-Béage?

— Oui, répond le propriétaire d'un air satisfait; qu'y a-t-il pour ton service?

— ... Je vas vous dire, Monsieur, nous sommes beaucoup d'enfants chez nous... mes parents sont très-pauvres et il n'y a pas toujours de quoi manger à la maison; j'ai imaginé d'aller me *louer* pour gagner ma vie et venir en aide à mes pauvres parents. Je ferai n'importe quoi.

(1) Docteur Francus — *Voyage aux pays volcaniques du Vivarais* (page 260).

— Eh bien ! écoute, je te prendrai, si tu veux, pour garder des agneaux qui sont trop jeunes pour suivre les grands. Tu seras bien nourri pour commencer et, plus tard, nous verrons. Çà te va-t-il ?

— Oh oui, Monsieur.

— Eh bien ! c'est entendu, lui dit le propriétaire, tu viendras le plus tôt possible (1).

Le petit Régis va, tout heureux, annoncer cette bonne nouvelle à ses parents, et, dès le lendemain, il entrait comme berger chez Valette.

Deux années se passent et l'on ne fait attention qu'à la bonne conduite de cet enfant, à qui la douceur de son caractère et l'exactitude scrupuleuse qu'il apportait dans l'accomplissement de tous ses devoirs, n'avaient pas tardé de lui mériter la confiance et l'amitié de son maître.

Un jour, le *petit Régis,* ainsi on l'appelait communément dans le village, s'attarda. Les troupeaux étaient rentrés à l'étable, la nuit commençait à envelopper de ses ombres les montagnes et les vallées, et l'enfant ne paraissait pas. Justement alarmé d'un pareil retard, Valette courut, suivi de ses domestiques, sur les traces de Régis. On l'avait vu dans la matinée se diriger du côté du lac d'Issarlès. Qu'avait-il pu devenir depuis ? Se serait-il égaré sur ses rives, et les eaux profondes du lac se seraient-elles, pour toujours, refermées sur lui ?.. On en était là de ces tristes réflexions, lorsque deux des chercheurs crurent entendre tinter, dans le lointain, le son connu d'une clochette ; le bruit devient plus distinct, il se rapproche, plus de doute, l'enfant n'est pas perdu, il est là qui arrive... On court dans la direction que le son semble indiquer et l'on trouve le petit Régis revenant tranquillement au Béage, sans se douter le moins du monde des craintes dont il était devenu l'objet.

— Eh ben !... eh ben !... lui crie-t-on du plus loin qu'on peut se faire entendre. D'où viens-tu, petit ?.. Arrive, vite, vite.

Régis et les agneaux hâtent le pas.

— Mais qu'as-tu fait, petit, qu'est-ce qui t'est donc arrivé ?

— Rien, seulement je n'ai point fait attention à l'heure parce que j'étais occupé à faire un bouquet pour M. Valette, vous savez que c'est demain sa fête.

(1) F. Fertiault — *Le berger du Béage* (nouvelle artistique).

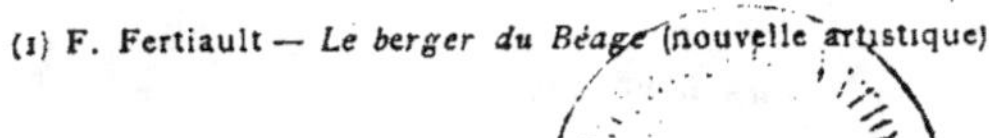

— Juste, on la souhaite ce soir, et, où as tu mis ton bouquet ?

— Là, dans mon mouchoir.

— Mais il sera bien fané d'ici à ce soir, ton bouquet.

— N'ayez peur, ce bouquet-là ne se fane pas.

On arrive au seuil de la maison où Valette était posté depuis un bon moment.

L'enfant est pressé de questions, il ne répond pas, mais les demandes de son maître devenant plus pressantes, il se met à pleurer, et, ouvrant son mouchoir qu'il tenait à la main, il montre ce qu'il contenait : c'étaient des moutons, des chiens, des vaches même, qu'il avait sculptés sur le bois, avec le seul secours de ces petits couteaux à lame courte, que les enfants de nos montagnes portent suspendus à la boutonnière de leur veste et que l'on appelle *eustaches,* du nom de celui qui les a inventés. Régis avoua ingénûment que, depuis une année, toutes ses journées étaient employées à ce travail. Il savait que le lendemain les gens de la ferme devaient offrir un bouquet à Valette, en l'honneur de sa fête, et le pauvre enfant, lui aussi, avait voulu faire son petit cadeau à son maître (1).

On raconte que, pour donner de la couleur à ses animaux, il se faisait une piqûre et les coloriait de son sang, qu'il avait soin de mitiger avec un peu d'eau lorqu'il voulait obtenir des nuances moins foncées.

Ainsi s'est révélée, pour la première fois, la vocation de Breysse pour la sculpture.

Le petit Régis ne doit plus désormais rester chez Valette. Celui qui a su tracer avec tant de délicatesse et de bonheur, sur le bois, l'image des animaux confiés à sa garde, ne peut plus être berger. Que fera-t-on de lui ?... un coutelier.

Pour se rendre compte de cette détermination, il faut se rappeler que la coutellerie est une des industries de la montagne, cela tient aux mœurs de ses habitants, « race très-caractérisée, qui est en harmonie physique avec le sol qui la porte, maigre, sombre, rude et comme anguleuse dans ses formes et dans ses instincts. Au cabaret, chacun apporte son couteau dans sa gaîne et le pique par la pointe dans le dessous de la table, entre ses jambes, après quoi on cause, on boit, on se contredit, on s'exalte et on s'égorge... Le montagnard ne va jamais sans son couteau :

(1) Ovide de Valgorge — *Souvenirs de l'Ardèche.*

il irait plutôt sans chemise. A côté des vices, il y a de grandes qualités. Ils sont probres et fiers. Rien de servile dans leur accueil, et un grand air de franchise dans leur hospitalité. Ils ont certes dans l'âme les âpretés et les beautés de leur terre et de leur ciel. » (1).

Une fois qu'il fut décidé que Régis Breysse serait coutelier, on se mit en quête d'un patron. Il fut placé comme apprenti chez Faure, le coutelier le plus réputé du Béage.

Quelque temps après, il se présenta chez Ginoux, coutelier au Monastier, qui le reçut avec plaisir, ayant entendu parler de lui avantageusement, lorsqu'il faisait son premier apprentissage au Béage.

Du Monastier, Régis Breysse vint chez Rochette, coutelier-armurier à Saint-Cirgues. Comme au Béage et au Monastier, il se fit remarquer par son habileté, au point de se faire une réputation dans la contrée.

De Saint-Cirgues à Montpezat, la distance n'est pas grande, la renommée y avait déjà porté le nom de l'ouvrier Breysse. Chabanis et Coste, couteliers de cette ville, mirent tout en œuvre pour l'avoir chez eux. Des propositions très-avantageuses lui furent faites. Après quelques hésitations, Régis Breysse finit par accepter celles de Chabanis.

Chose singulière! tous les couteliers de la montagne se disputaient l'ouvrier Breysse, qui pourtant ne fut jamais capable de faire une lame; mais il faisait les manches à la perfection, c'est-là, en effet, qu'il pouvait exercer son talent.

Breysse n'avait pas l'étoffe d'un coutelier, aussi la maison de Chabanis fut bientôt trop étroite pour lui. On aurait dit qu'il éprouvait comme un vague pressentiment des destinées qui lui étaient réservés.

Depuis quelques temps, il nourrissait une secrète envie d'aller dans une ville. De quel côté vont se diriger ses pas? Le Puy est bien près de Montpezat, et il en a ouï dire tant de merveilles!.. Un beau matin, l'ouvrier coutelier fait son petit paquet et se met en route pour la capitale de l'ancienne province du Velay.

Un monde nouveau vient de s'ouvrir tout-à-coup devant Breysse. Il a renoncé au métier de coutelier, il veut être sculpteur. Adieu l'ouvrier; c'est l'artiste qui commence. Mais avec de

(1) George Sand : *Le Marquis de Villemer.*

nouvelles idées sont venus de nouveaux besoins. Quelle distance le sépare des destinées qu'il rêve ! Sans fortune et sans appui, il a grandi sans étudier et sans rien savoir : Breysse ne sait ni lire ni écrire. Comment arrivera-t-il à son but ? La Providence veille sur lui.

A peine arrivé au Puy, sans autre guide que son instinct, Breysse parcourt les églises et le musée de la ville, s'arrêtant de préférence devant les objets admirés des connaisseurs ; puis, rentré chez lui, il reproduit sur la pierre ou avec l'argile, qu'il sait déjà façonner et pétrir, là, un bas-relief, ici, un fragment ou une statue tout entière. Souvent il n'attend pas d'être rentré pour confier à un morceau de bois ses impressions artistiques. C'est ainsi qu'un jour il fut rencontré par un éminent personnage, sous le porche de l'église St-Laurent, occupé à reproduire la statue de ce saint, qui décore le portail de l'église. Cette rencontre fut pour Breysse une bonne fortune. On le regarde d'abord, puis on l'admire, on l'interroge, et enfin quatre hommes de haut mérite le prennent sous leur protection.

Dorénavant les études de Breysse seront dirigées avec plus d'entente et plus de soin ; et tous ces avantages il les devra aux hommes intelligents et généreux qui, comme de bons génies, vont désormais veiller sur lui. Ces derniers ont compris ce que l'on doit attendre de Breysse.

Il part pour Lyon, vivement recommandé par un de ses protecteurs à un des plus habiles sculpteurs de cette ville.

A peine arrivé chez son nouveau maître, Breysse acquiert la bienveillance et l'affection de ce dernier. Outre les leçons particulières qu'il lui donne, il lui fait suivre les cours des beaux-arts, au palais St-Pierre. Bientôt Breysse n'a plus rien à demander au savoir de son maître. Ses yeux se tournent vers Paris ; c'est là qu'il faut qu'il aille ; mais il ne possède absolument rien au monde, et comment vivre à Paris, sans argent !...

« Le conseil général de l'Ardèche, à qui l'un des protecteurs de Breysse a eu l'heureuse idée de s'adresser dans cette circonstance décisive, accueille, avec un empressement qui l'honore, la demande qui lui est présentée. Il accorda à Breysse, en 1839, une subvention de 800 francs, qui fut élevée à 1000, pour chacune des quatre années suivantes. Grâce au département, Breysse peut donc aller à Paris continuer ses études artistiques. » (1).

(1) Ovide de Valgorge — *Souvenirs de l'Ardèche.*

Sur la recommandation de Foyatier, David (d'Angers) lui ouvre l'entrée de son atelier. On pressent déjà ce que l'élève va devenir sous un pareil maître. Bientôt il se présente devant le jury d'examen, et la lutte qui s'engage entre lui et ses nombreux concurrents, a pour résultat son admission à l'école des Beaux-Arts.

Né dans l'Ardèche, il a voulu que son pays lui fournit le sujet de sa première inspiration. C'est aux fastes de la vie militaire de son compatriote, le général Rampon, qu'il est allé le demander. Breysse a choisi le moment où le brave général, alors simple colonel, au milieu du feu qui éclate autour de lui, fait jurer à ses soldats cernés par l'armée autrichienne, de s'ensevelir plutôt que de se rendre, sous les ruines de la redoute de Montelegino, confiée à leur garde.

Ce bas-relief, qui a trois mètres trente centimètres de longueur, sur deux mètres soixante centimètres de hauteur, et se compose de quatre - vingt - dix figures, eut les honneurs de l'exposition publique, dans les salles du Louvre, en 1841.

Vers 1848 jusqu'en 1860, époque de sa mort, Régis Breysse établit son atelier dans la rue Cherche-Midi, qu'habitaient plusieurs sculpteurs, entre autres Soitoux, que Breysse voyait assez souvent. L'atelier, situé au fond d'une vaste cour, vitré, bien éclairé, mais extrêmement modeste, servait de salon et de chambre à coucher; la couchette ressemblait à celles du Béage, patrie de l'artiste. A de certaines heures de la journée, les visites d'amis animaient singulièrement ce logis, excentrique au dernier point. Têtes de mort, squelettes jaunis, vieilles draperies, trophées d'armes, peintures, maquettes, croquis, émaux, faïences antiques, tout s'y rencontrait pêle-mêle et offrait un coup d'œil rare et puissamment original.

Les ébauches de toutes les sculptures de Breysse, depuis ses premiers débuts, étaient réunies dans cet atelier. En face de l'une de ses plus belles œuvres, le *Gladiateur terrassant un lion*, groupe magnifique, exposé en 1844, on remarquait le bas-relief si naïf, si touchant et si vrai, dont nous avons fait faire une reproduction photographique, grâce à l'obligeance de M. Mazon, à qui Breysse en avait donné un exemplaire. Ce bas relief inédit représente la famille Breysse, réunie dans une étable, où un propriétaire hospitalier lui a donné asile pour la nuit Les pauvres gens ont l'air morne et abattu, ils n'ont pas dîné, c'est bien évident: la mère pleure, deux des enfants portent une besace, on devine qu'ils ont couru toute la journée pour demander l'aumône et qu'ils rentrent avec bien peu de chose. Deux autres cherchent à consoler leur mère. Un sixième, le plus jeune, qui n'est autre que l'auteur lui-même, a la tête appuyée contre le sein de sa mère. Le propriétaire, une lampe, (un *chalel*) à la main, apparaît sur le seuil de la porte, apportant la soupe à ses hôtes. Les bœufs ruminent gravement à côté de ce groupe, dont chaque personnage révèle, par son attitude, toutes les angoisses de la misère et de la faim (1).

A côté de la *Défense de la redoute de Montelegino par Rampon*, s'élevait la scène de la Convention : *Boissy d'Anglas, présidant l'assemblée du 1er prairial, debout et saluant la tête du député Féraud.* Ce bas-relief, qui devait figurer à l'exposition de 1845, mesure quatre mètres de longueur sur trois de hauteur, et compte soixante-douze figures, dont vingt de grandeur naturelle occupent le premier plan. Ces deux grands bas-reliefs sont à Privas, dans la salle du Conseil de Préfecture. Plus loin, le *Christ en croix*, premier jet de l'œuvre magistrale que possède aujourd'hui l'église d'Aubenas. A côté, la statue de l'*Ange Gabriel tenant un lys à la main*, exposée en 1844. En face, les bustes de Boissy-d'Anglas, d'Auguste de Bernardy, de Laurent (de l'Ardèche), de Madame la comtesse de X... et le plus récent, le dernier sorti de la main de Breysse, celui de M. Louis-Germain Saussac, qui fut pendant plus de quatre années le plus intime ami du berger sculpteur... (2). Partout, dans les moindres recoins, des médaillons, des maquettes, des figurines d'hommes, d'animaux et de fleurs.

***

De 1848 à 1852, époque troublée, où le public avait d'autres soucis que l'encouragement des beaux-arts — surtout l'art si dispendieux de la sculpture — Breysse avait dû, pour vivre, se livrer à un pur travail de *mise au point*, travail de simple manœuvre ; il passait ses journées à *retoucher* des chemins de croix en plâtre moulé ; il s'acquittait en conscience de cette tâche ingrate, encore plus ingratement rétribuée, et donnait aux bas-reliefs qui sortaient transformés de ses mains, un relief, une allure

(1) Nos compliments à M. Ribeyre, photographe à Vals-les-Bains ; rarement une reproduction photographique a été mieux réussie.

(2) C'est à l'obligeance de M. L.-G. Saussac que nous devons ces renseignements intéressants sur Breysse.

que l'on serait heureux de trouver dans les ouvrages de cette sorte. Les églises où sont aujourd'hui placés ces nombreux chemins de croix, *revus* par Breysse, possèdent, sans qu'on s'en doute, des œuvres d'une valeur artistique infiniment supérieure au prix qu'elles ont coûté.

Peu rétribué, Breysse devait mener, et menait en effet, une vie très-modeste. Presque en face de son atelier se trouvait un restaurant, hanté par les ouvriers sculpteurs des ateliers voisins. Il prenait ses repas à côté d'eux, qui lui témoignaient la haute estime où ils tenaient son talent, en ne lui parlant que chapeau bas et ne l'appelant jamais que Monsieur Breysse. — On sait que, dans ce petit monde, le tutoiement est facile et le sans façon de règle. — Breysse se contentait d'une cuisine mystérieuse, d'un vin douteux. La note du repas montait à seize sous, *gloria* compris, mais le tout assaisonné d'une dose d'inaltérable bonne humeur et d'une douce philosophie.

Une de ses plus grandes joies, lorqu'il avait touché le prix d'une *station* entière, était d'aller à la recherche d'un ami; on partait hors barrières, pour Neuilly ou Fontenay-aux-Roses. Et là, sous les hauts arbres ou sous une vaste tonnelle, on savourait longuement une gibelotte authentique, une friture de goujons de Seine, arrosées de Bourgogne (cachet vert) avec Brie et fraises au dessert. On revenait le soir, à la belle étoile, sans souci des rôdeurs de barrières — Breysse était fort et courageux comme un hercule — et l'on rentrait au logis, où se continuaient les paradoxes, les théories artistiques et politiques les plus extra-lunaires qui se pussent entendre.

A cette même époque, ses opinions lui avaient aliéné les bons offices de ceux qui, dès ses débuts, s'étaient montrés ses plus zélés protecteurs et l'avaient prôné, au point de griser une cervelle admirablement organisée, mais très-impressionnable, croyante et naïve jusqu'à l'excès. Ce fut un tort. Breysse, depuis, ne put produire son dernier mot.

Douce et sensible nature, il vivait dans les nuages et n'eût pas donné une chiquenaude à un enfant. Il avait, à cette époque, un petit bonhomme de douze ans, comme apprenti sculpteur. Breysse avait pour cet enfant, étourdi et malin comme un vrai petit parisien qu'il était, toute l'affection, toutes les tendresses d'un père. De même avec tous ses amis ou camarades.

Au physique, Breysse était de petite taille, trapu, cheveux noirs, frisés en broussailles, le teint bistré du paysan des Cévennes, le front moyen, mais énergiquement accusé, de même que le nez : nez montagnard, d'une fermeté, d'une rigidité de lignes qui allait jusqu'à la dureté, en certains moments, d'ailleurs très-rares L'œil noir, petit, perçant, s'illuminait parfois d'éclairs qui grandissaient le regard et transformaient toute la physionomie, physionomie d'une mobilité incroyable, passant du repos à l'action et traduisant avec une fidélité inouïe les mouvements intérieurs du personnage. Les lèvres larges, sensuelles, la fossette au menton, atténuaient ce que pouvait avoir de sombre le haut de la figure. En somme, la tête, dans son ensemble, révélait un caractère.

La nature du talent de Breysse était plutôt géniale et de fantaisie que classique. Elève de l'Ecole des Beaux-Arts, plus tard de David (d'Anger)s, il subit, sans pouvoir y échapper, l'influence — heureuse, quand elle s'applique à un esprit déjà cultivé, mais souvent funeste dès qu'elle envahit une nature abrupte — d'une éducation artistique, inflexible dans ses principes et ennemie de toutes innovations contraires aux règles. Breysse, après des études préliminaires indispensables, livré à lui-même, à son génie natif, eût peut-être marqué sa place au premier rang, parmi les sculpteurs contemporains ; tel qu'il est, il a une valeur propre indiscutable, et l'Ardèche, à bon droit, doit être fière de son enfant.

***

Breysse vivait par le cœur bien plus que par la tête, comme beaucoup d'artistes. Il aimait à réaliser ses rêves plastiques. On ne peut se rappeler sans sourire, les épisodes d'évolutions amoureuses qui eurent lieu en 1850, entre lui et une jeune femme de comptoir du *café du Luxembourg*, une toute mignonne, rêveuse personne, mais fûtée comme une parisienne, et qui, pendant trois mois au moins, mit à l'envers la cervelle attendrie de l'artiste ardéchois. Que de choppes, grand Dieu ! que de *glorias !* que de verres de punch inutilement consommés dans ce café Bobino ! Mais aussi que de soupirs, que d'angoisses, que de mortelles attentes ! Le roman finit par l'offrande, acceptée, d'un médaillon sculpté par le soupirant. Il resta dans l'atelier longtemps. Des trois cents et quelques médaillons que Breysse a dessinés, celui-là était le meilleur, un chef-d'œuvre de finesse sculpturale: Préault en eût été jaloux.

Sous des apparences froides, Breysse recélait un tempérament de feu. Mais ses visées n'étaient point basses et le culte de l'idéal, du vrai, du beau, a eu rarement un adepte plus enthousiaste, plus convaincu que lui. C'est même à ce titre qu'il a pu mener tout un roman avec la comtesse de T..., une des plus belles femmes, des plus spirituelles de Paris, roman qui a fait époque dans la vie si accidentée de Breysse.

Dans un des salons du faubourg St-Germain où, à cette époque, Breysse était encore admis, la comtesse de T... avait remarqué notre compatriote qui, sous sa rude écorce montagnarde, se révélait artiste dans la plus haute acception du mot et qui, certain soir, se sentant admiré, aimé peut-être, dans un de ces entraînements qui ne lui étaient familiers que dans l'intimité, avait prodigué tout ce qu'il avait de cœur et de génie pour plaire à la dame de ses pensées.

Breysse, comme Guérin, comme Léopold Robert, comme Papety, presque ses contemporains, était pris. Une comtesse! mieux encore, un ange! mieux encore, une belle femme! Il eût fallu le voir; pour lui, le monde était devenu un ciel tout bleu. C'était tous les jours de gigantesques bouquets de violettes de Parme, de camélias, de touffes énormes de roses de Bengale, le tout accompagné d'invocations, qu'il priait son ami L.-G. S... de traduire en vers à Chloris, vers dignes de s'enrouler autour des papillottes du *Fidèle berger*. Breysse les trouvait charmants, ravissants: « Vous êtes artiste autant que moi, » disait-il naïvement, en copiant, de sa grosse et forte main de sculpteur, les sonnets de son ami, où *confiance* rimait avec *espérance* et *beau jour* avec *amour*.

En ces temps-là, Breysse, frisé, ganté, rasé, tout de noir habillé, s'en allant en conquête amoureuse, était d'une originalité achevée; il ne fallait pas gratter bien fort l'artiste pour retrouver le pâtre du Béage: on aurait dit un marchand de bœufs endimanché faisant des visites. Comment le roman finit-il? Un soir, Breysse, qui mêlait volontiers les amours à la politique, à certains moments, eut maille à partir avec les sergents de ville, à propos d'une manifestation trop prononcée de ses opinions libérales. On saisit sur lui un énorme couteau de montagne — un véritable *Coste*, de Montpezat — présent artistique de son ami L.-G. S...

Une enquête eut lieu ; elle dévoila que le couteau artistique, Breysse et son ami L.-G. S... étaient tous trois républicains. Adieu comtesse, adieu aristocratiques amours, adieu faubourg St-Germain.

*
* *

Vers 1853, Breysse n'avait qu'une idée en tête ; c'était d'être chargé de la statue d'Olivier de Serres, dont l'érection, à Villeneuve-de-Berg, était déjà projetée. Il semblait assez naturel qu'on le chargeât d'un travail comme lui revenant en quelque sorte de droit, puisque la nouvelle statue aurait rappelé deux ardéchois au lieu d'un. Breysse fit un projet qui paraissait devoir être accepté. Nous avons vu, au *café Duplan*, à Villeneve-de-Berg, une réduction de sa statue, qui nous semble très-réussie. Le projet de Pierre Hébert lui fut préféré — et nous nous plaisons à reconnaître que cet éminent sculpteur a doté Villeneuve-de-Berg d'un chef-d'œuvre. — Breysse fut profondément blessé dans son amour-propre d'artiste et d'ardéchois, à la seule pensée que la statue d'Olivier de Serres allait être confiée à un autre, et nous sommes convaincu que cette déception n'a pas peu contribué à préparer la terrible maladie dont il est mort.

Breysse est mort fou à Bicêtre, après trois mois de souffrances, le 1er juillet 1860.

Que devint son atelier? C'est ce que, malgré bien des recherches, nous n'avons jamais pu découvrir. Il est quelqu'un pourtant qui doit le savoir, c'est un compatriote de Breysse, M. l'abbé Soleilhac, aujourd'hui vicaire à Ste-Marie-des-Batignolles, qui visitait souvent notre pauvre sculpteur et l'assista, paraît-il, à ses derniers moments. Nous lui avons écrit deux fois et envoyé même la préface, du *Panthéon du Vivarais* ; il n'a pas daigné nous répondre...

Une nièce de Breysse, qui habite Vals-les-Bains, nous disait un jour que « tout ce qu'avait laissé son oncle était resté à un curé. » S'agit-il de M. l'abbé Soleilhac? Lui seul pourrait nous le dire.

Extrait du Panthéon du Vivarais, *(ouvrage manuscrit) tome IV pag. 349 à 362. — L'ouvrage aura 6 volumes in-4° de texte et 2 vol. de portraits.*

Vienne, imp. SAVIGNÉ.

www.ingramcontent.com/pod-product-compliance
Lightning Source LLC
LaVergne TN
LVHW012015170826
845678LV00004BA/1501